있다, 잊다, 잇다

# 있다, 잊다, 잇다

인썸 글귀집

채륜서

행복해하는 너를 보고 있으면
얼마 안 되는 내 행복까지도
모두 너에게 주고 싶었다


너의 행복이 나는 행복했다

행복할 뻔했으나
역시 나는 슬픔이다
끝내 나는 슬픔이 어울린다


이별이다

차
례

1 \_ 있다 ·············· 11
2 \_ 잊다 ·············· 101
3 \_ 잇다 ·············· 205

## 1

있다

이별은 다시는 보지 말자는 약속이다

지키고 싶지 않은 약속이다

끝내 잊히지 않을 약속이다


무겁다

무겁다
추억은 기억이 되어 가라앉는다

기억은 갈수록 무겁다
무너진다




나를 살리려 오는 것은
부디 내 마음보다 강한 것이기를

내 마음을 이겨주기를

그리움에서 나를 몰아내주기를

그래도, 그래도 꼭 다시 만나자
꼭

실망이 반복되면
기대가 가벼워지는 것이 아니라
되려 실망이 무거워진다


마지막에 이르면 기대 또한 무겁다
그리고 그 무게의 대부분은 인정의 무게다


받아들이면 가볍고
받아들이지 못하면
순간은 끝나지 않는다

밤마다 드는 생각은
밤마다 하는 생각과 닮았다

보고 싶다, 보고 싶다, 보고 싶다


                그리움은 새카맣게 먼 것이기에
             혹시라도 밝은 새벽이 있다면

                   그리움만 보일 것이다

종일 괜찮다 괜찮다 하면서도

마지막에 드는 생각은 언제나


안 괜찮다







아니 괜찮다

아니, 괜찮다


점하나 찍는 것이 이렇게 어려운 일인가 싶었다

취하려고 마시는 술이었으나

눈물로 그대로 다 뱉어냈다

아무리 마셔도 취하지가 않는다


하루가 길고, 다시 밤이 길다

혼자 걷는 이 긴 거리가 버겁다

네가 잠들었을 시간

아무도 모르게

나 혼자만 나지막이 불러본다


내 우주에서는 가장 슬픈 세 글자



- - -

눈물이 웃음이면 좋겠다만
웃음이 눈물이 되고야 만다




                    바라만 보는 것이 얼마나 힘든 일인지
                          너는 모르는 것 같다


                              너의 웃음에
                              나는 눈물이 난다

우울하지는 않지만, 속상합니다
이 눈물이 슬픔의 결과라는 것을
믿지 못하겠습니다




                              혹시 이것이 우울입니까


               우울에는 이유가 없다는데
               지금 이 감정에는 이유가 명확하니
                     결국은 그리움일 겁니다

너는 나를 모른다

그게 제일 미안했다


말하지 못한 것이 많다

말하지 않은 것이 많다

그것들이 끝내 거짓말이 되었다

침묵은 거짓말이 되고야 만다

술 한잔하자고 말하고 싶었다

해줘야 할 말을 모두 잊기 전에


잊으면 안 되는데 잊히면 어찌해야 하나











걱정이다

걱정이다

걱정이다


걱정이 쌓인다

나는 정말 이별이
싫었다
네가 없이도
이처럼 오래 너에게
머무를 줄을 알고
있었다


슬픔이 큰 것이
아니라, 사랑이 컸다

미안해, 죄송합니다
제일 듣기 싫은 말이다

나는 미안하다는 말을 몇 번이나 했을까

그놈의 미안하다는 말
얼마나 듣기 싫었을까

알잖아

나는 아플수록 속에 깊숙이 감추는 거

너도 끝내 꺼내지 못한 이 아픔을

내가 무슨 수로 꺼내겠어


괜찮아, 나는 아파도 상관없어

마땅히 그렇게

그리워하지 마

그 사람은 너를 신경 쓰지도 않아




가시 같은 말
누군가는 해야 하는 말
그러나,

결코 누군가에게 해주고 싶은 말은 아니다
한사코 누군가에게 듣고 싶은 말도 아니다

그저 내가 나에게 주고, 다시 거두는 말이다

그리움이 문제가 되었던 적은 없다

그러니 함부로 내 감정을 결정 짓지 마라

조금만 더, 있다 가고 싶을 뿐이다



나는 이대로 정말 괜찮으니

위로가 아니라, 응원을 주기를 바란다

위로에 괜찮아지는 날보다

그 위로에 베이는 날이 더 많았다


내게 쏟아지는 위로의 시선이 싫었다



내 마음의 소리는

오롯이 나만 들을 수 있다


조용히 괜찮아지고 싶었다

잊으라　　　　　　　　　밀어내며 말하지 말고

잊히지 않아도 괜찮다 끌어당기며말해주기를

그래도 괜찮다고　웃어주기를




　　　　　　　　　　아픈 위로는 지금은 하지 말기를

　　　　　　　　　　　　아직은 참아주기를


　　　　　　　　　　그윽이 ──── 바라봐주기를

진심이었을지도 모르는
위로들이었다
그러나 마음이 밀어낸다

밀어내는 그 마음은
감추었으나
표정은 감출 수가 없었다
웃지 않던 내가 웃어
보인다


        괜찮아 보이고 싶었던
                것이 아니라
슬픔을 들키고 싶지 않았다

잘 지낼 리가 없는데
잘 지내냐는 안부를 물어

그때부터 사람을 멀리하기 시작했어
그들을 미워하는 내가 너무 싫었거든

그게 지금의 외로움이야

이 우주에서


나만 혼자 특별히 힘든 것은 아니기를




바랄 수밖에

가끔은 나 좀 살려달라고 말하고 싶은데
    어디고 전화할 곳이 없었다


       이야기를 들어줄 사람
       딱 한 명이면 충분했는데
       그 한 명이 없었다


    한 명이면 충분했다

기대하고 있지는 않으나

기대고는 있는 모양이다


너의 작은 움직임에 휘청인다



꽃이 바람에 기대는 것인지

바람이 꽃에 기대는 것인지

꽃은 흔들리고 바람은 스쳐지나간다


꽃은 그 자리에 다시 피겠지만

바람은 헤맬지도 모른다

기대는 머리가 다 하는데




아픈 건 늘 마음이다

내 마음이 아픈 것이




나는 마음 아프다

기다리고 있을 리가 없는데
기다리고 있을지도 모른다는 착각
그 착각 하나가 사람을 망가뜨린다


허나 그 착각이 나를 살리고 있는지도 모른다



때로는 모순이 모순이 되기도 한다

꿈을 꾼 날은 하루를 못 쓰게 된다

그리고 그 밤에는 선택을 한다

나를 그 꿈에 다시 던질지
아니면 긴 새벽에 놓일지 말이다

꿈은 잔인합니다

결국에는 다 거짓말이니까











그래도 오늘만큼은

그 꿈이 부디 거짓이었으면 좋겠습니다


믿고 싶지 않은 꿈을 꿨습니다

어찌 이 같은 꿈을 계속 꾸게 하시는지

순간은 좋으나 오래 죽을 듯합니다



            순간이 끝나면

       늦지 않게 잊히게 하시기를

출근길 네 걸음걸이를 닮은 사람을 보았다

네가 아닌 줄 알면서도 계속 쳐다보게 된다


마음도 몸도 난리다



      내 의지와는 상관없이 일어나는 일들에 대하여

                      의미를 두지 말 것

혼자 마시는 술은 참 이상합니다

네 병 다섯 병을 마셔도 취하지 않다가도

어느 날에는 한 병을 채 마시지 않았는데

내가 울고 있습니다



술도

마시는 사람의 마음을 아는 듯합니다

기어이 네 소식이 올 모양이다

        어찌 피할 수 있을까


        잠에 들까

     꿈에서 깰까


그것도 아니면 그냥 울어버릴까

콩깍지가 씌었기를 바란 적도 있으나

그냥 네가 예쁜 것이었다


그렇게 20년이다

하루에 하루가 잊혀도

나는 너를 평생을 잊어야 한다

괜찮을 줄 알았는데 괜찮지가 않다

생각도 마음도 예상보다 크게 흔들린다

좁은 틈으로 거대하게 무

 

그 아름다움이 원망스럽다 너

                진

 

                 다

열 다발째 꽃을 버리고 온 날

그런 생각이 들었다

다시 만나지 못할지도 모르겠다


슬픈 생각은 어김이 없다

슬픈 예감은 틀림이 없다

소중한 것을 잃었는데

어떻게 괜찮을 수가 있겠어


소중한 것이 아니었거나

괜찮은 척하는 거겠지



그렇다면

그때 내 모습은 어찌 보였을까

네가 아는지 모르겠다

그날 밤 내가 밤새 울었다는 것을


이제 와 드는 생각도 있다

나는 왜,

너도 밤새 울었을 거라는 생각은 못 했을까


나는 그저 서툴렀던 것일까

아니면 확실히 이기적인 사람이었던 것일까



괜스레 외로움이 몰려온다

내가 뱉은 화살이

되려 나에게 날아와 ◀─────── 꽂히는 과정은

그 끝이 매번 쓸쓸하다


독이 묻은 화살을 맞은 것처럼

이제야 나는 조금 알겠다
무엇이 문제였는지를

우리가 이상했던
것이 아니라
내가 이상했던
것이라는 것을


그날 그 새벽의
내 모습이 먼저
나에게서 잊히기를 바란다

남들이 바라보듯,
내 눈물이 나도
너무 슬프다

슬픔을 파고들어도 되는 굳은 결심은

이제 내게 없다


　　완전한 슬픔만 남았다

　　　　　　　슬픔이 가볍다

잊히지 않는 것이 아니라

잊힌 기억을 느끼지 못할 뿐이다


그래서 나는 시간이 없다

지켜야 할 네가 너무 많다




그렇게 몇 해를 보냈다

시간은 많고 너는 내게 없다

이제 나에게도 지켜야 할 내가 생겼다

좋았던 기억만 남게 될까 두렵다


죄스럽고 한스럽다


괜찮다 누가 말해줬으면 좋겠다

오늘처럼 기분이 먹먹한 날이면

나는 그냥 네가 보고 싶기만 하다


고요한 밤이 점점 싫어진다

보고 싶다 전하면

영영 사라질 건가요


보고 싶다는 말

함부로 꺼내면 안 되는 말












다시 시작하거나

완전히 잃거나

내 입은 마음만큼이나 무겁다

어데고 쓸데가 없다


무거운 마음

그저 무겁지 않게 전할 수 있을 만큼

마음이 단단했으면 좋겠다

나는 그저 잊은 듯 가는 것이다

        잊으려 안간힘을 쓰지는 않을 것이다


        오고 가는 것에 경계를 두지 않을 것이다

       좋은 곳은 많으나

    행복한 곳은 없다

네가 없이는 그렇다


    네가 없이는 행복이 없다

눈에 보이는 모든 것은

전부의 조각일 뿐이다


고작 하나의 조각으로

다 아는 것처럼 뱉어내지 마라

누구도 나보다 나를
더 잘 알지 못한다


그러나 내가 모르는 나를
아는 사람은 있을 것이다


듣고 싶다
내가 모르는 나에 대하여




당신은
그것을 말해주는 유일한 사람이었다
그래서 더 좋아했다는 것을
나도 알고 있었다

너와 같기를 바랐다
나와 같기를 바란다

오늘은 아무것도 하지 못할 모양이다

마음이 너무 안 좋다

우는 것도 내키지 않는다


나를 어쩌면 좋을까

결국 아무것도 못 했다

마음이 아프기만 했다

마음이 아파 온몸이 아프다

온몸이 아파 감정을 쥐고 있을 힘도 없다

놓친다

마음이 감정을 붙잡는다

끝내 폭발한다

새벽이 오기도 전에

기어이 눈물이다

내 바다는 눈물이 맞는 모양이다

사랑이 끝났다는 것을 알았을 때

너는 어떤 생각을 했을까

나는 그냥 울었다

 

웃었다, 마음에 힘이 풀려

감정도 없는 감정들이 쏟아져 나왔다

그때 왜 내가 너를 보았을까
처음 본 그 순간의 그 모습, 그 감정을
잊을 수가 없다

그런데 나는 왜 이게 끝이 아닌 것만 같을까
희망보다 위험한 것이 있을까

비가 오면 너도 함께 온다고 했다
그러나 이제 오지 마라
밀어내고　　　　밀어내다　　자꾸 너에게 다가선다

그 간격을　　　다시　　　넓　　히　　려
너를 미워하는 것이 너무 힘들단 말이다

무슨 기억을 찾았길래

이리 사무칠까


저 빗소리나 이제 그만 파고들면 좋겠다

여러 감정이 뒤섞여 속이 매스껍다

빗소리에 감정이 넘치면

어김없이 새벽이 젖는다


범람이다

나는 아직도, 보고 싶다는 마음보다

미안한 마음이 더 크다

그래서 널 못 본다










이기적인 마음이 이번에도

　　　　　　　　끝내 나를 향한다

지금 보고 싶어 하면
다시는 널 못 보게 될 거 같아서
어떻게든 참고 살아

한데 나는 이제
그 이유도 잃게 되었다

그렇게 재회를 바라면서도

아무것도 안 하고 있는 것은

헤어진 이유를 몰라서입니까


사람은 변하지 않습니다

변한 것처럼 보일 뿐



                              노력하여 얻은 감정은

           노력하지 않으면 모두 사라질 것들입니다

보고 싶다는 생각이 들 때마다 너를 잊는다

하루에도 몇 번을 잊는다

잃는다, 또 하루를 잃는다

나는 너를 그리 잇는다


매일 밤 그 매듭에 걸려 나는

또 한 번 나를 놓는다



                                그리움은

          매듭을 풀지 못하는 것에 있는 것이 아니다


                    매듭을 지을 줄을 가진 것

                       그것이 곧 그리움이다


                    애써 되는 일이 아니다

도대체 이 그리움은 어디에 닿는 걸까

그리움에 끝이 있다면, 그것은 그리움이 아니려나




                                      그리움에게 묻고 싶다

                    나는 그 기한이 얼마나 남은 건지

보고 싶은데
보고 있으면 눈물만 난다

기어이 그리움이 눈에 맺힌다
다시 범람이다

이 오래된 이별이
힘든 것이 아니라
나는 그 사랑이
힘든 것이다
아직도 너를 사랑
하고 있단 말이다


언제고 이 그리움이 꼭
필요했기를 바란다
쓸모가 있기를 바란다

마음먹으면 한 번 볼 수야 있지

그런데 그게 마지막일까 봐 못 보는 거지


찾아가는 게 뭣이 힘들겠어

돌아오는 게 힘드니까 못 가는 거지

슬픈 것도 아니고

외로운 것도 아닙니다

그저 보고 싶은 겁니다


지금의 나에게 그리움보다 더한 것은 없습니다

힘들다고 그냥 말해버릴까


아니면 힘들었다고 울어버릴까

　　　　　　　네 앞에서 한 번 울었지

　　　　　네 뒤에서는 수도 없이 울었다

　　　　　　순간마다 안기고 싶었다


그 한 번이 어려워 몇 해를 이리 보낸다

너는 울지 마라

눈물은 아무리 오래되어도 슬프기만 하다

책임질 것이 없다는 사실이
　　얼마나 외로운지 몰라

돌아갈 곳이 없다는 거니까

얼마나 사랑했으면 그랬을까

얼마나 사랑하지 않았으면 그랬을까



어느 쪽이었을까

혹시 어느 쪽도 아니었던 것은 아니었을까

나라고 어찌 슬프기만 했을까

그러나 늘 그리웠다




갈수록 정리하는 것이 싫어진다

감정에 대해 애쓰는 것이 아니라

아무것도 신경 쓰지 않고

쏟아지는 대로 풀어 놓고 싶다


감정 그대로의 감정을 말이다

앞에 멀리 지나가는 여자가

또 너인 줄 알았다

미치겠다


시간은 앞으로 흐르나

내 그리움은 뒤를 바라보고 있으니

시간은 아무 의미가 없다


순간은 잠깐이나

그리움은 너무 오래되었다

아주 잠깐 행복할 뻔했으나

　　아주 오래 슬프게 되었다



　　　　　행복과 슬픔은 다른 차원의 감정이라

　　　　　　　그 시간의 균형도 다르다

　　　　잠깐의 행복이 오랜 슬픔을 견디게 한다

슬픔이 오기 전에는
늘 기억이 먼저 머리를 두드렸다

거센 두통으로 느낄 수 있었다
곧이어 엄청난 슬픔이 들이닥칠 것임을
알 수 있었다

오늘인가 싶었다

괜찮은 척하고 싶었는데, 오늘은 많이 아프네


어느 날엔가 보았던 오늘이다
이름도 모를 감정이 미친듯이 빠져나간다
울고 싶은데 나를 못 움직이겠다


멀어지는 너를 바라만 본다
이번에도 속절이 없다


그러나 너는, 작은 점이 되어서도
결코 사라지지를 않는다

한 번의 사랑과

수만 번의 이별

그 이별마다 슬픔이 줄을 짓는다

슬퍼 죽겠는데 눈물이 나지 않으면
그것은 어느 날의 행복이 잊힌 것이다


                    행복했던 기억도 잊힌다
                    나도 모르는 사이에 사라진다


                    하지만 괜찮다
                    괜찮아지고 있는 것이다

두통이 심하다

또 어느 날의 행복이 잊히는 모양이다

 

 

그 행복 속의 나는 어떤 모습이었을까


네가 그리운 만큼

내가 그리운 날도 있다

혼자 걸으면 기억인 것이

함께 걸으면 추억이 된다




지금의 모든 기억이 싫다

내가 더 사랑하면 괜찮을 줄 알았다

힘들어도 괜찮은 줄 알았다

아파도 괜찮은 줄 알았다


돌아보면 돌아보고 싶지가 않다

그러나 돌아보게 된다


사랑이 어렵고

다시 이별이 어렵다

그리움은 형언할 수도 없다

그리움이 뭐 별겁니까

그냥 당신 생각하는 것이지요

그리고 울겠죠


                         그리워 잠깐을 웃는다

                         그리워 잠깐을 행복했다

                         그리고 오늘은

                         그 그리움이 쌓여 내내 운다


새벽 하늘의 별이 모두 내려앉을 듯하다

무엇도 그리움을 누르지 못했으나

  딱 하나

    그리움을 초라하게 만드는 것이 있었다

      죄책감이었다




              끝끝내 내리는 결정들은 결국

                나를 위한 것이었다

            갈수록 내 못남을 알게 된다


내가 좋은 사람이 아니라 다행이다

네가 눈물로 감정을 표현하기 시작했을 때
처음으로 그런 생각이 들었다

내가 주려는 것이
행복이 아닐 수도 있겠다




아파도 되는 사랑은 없다
아파도 되는 행복도 없다

사랑도 행복도 없다

더는 두려울 것이 없는데도
네 마음은 겁이 난다


너의 마음을 알고 싶다

무슨 말을 해야 하는지도 모르는 채
네 앞에 앉았다
그냥 울고 싶을 때도 많았다



그날의 표정이 너무 깊게 박혔다
도무지 씻기지가 않는다

나는 늘 내가 더 너를 사랑하는 줄 알았다


마지막 순간에야 알았다
네가 더 나를 사랑하고 있었다는 것을
그때 그 충격을 잊을 수가 없다


그런 기억들을 두고 어찌 슬픔을 외면할까

내가 사랑하는 사람은

이제 나를 사랑하지 않는다


이보다 더 슬픈 일은 없다



                              내가 사랑하는 사람은

                              나를 사랑한다


                              이보다 더 행복한 일은 없다

용서는

다시 볼 사람에게나

하는 것이라고 한다

오지 않는 연락에

나는 계속 아픔이 크다

너무 멀어져 알아보지 못하더라도 그래도

그래도 내가 신경 쓰였으면 좋겠다




좋든 싫든 상관없다

너무 쉽게 사라지지만 말아라


사라지는 순간조차 바라보고 싶다

## 2

## 잊다

잊을까
잊힐까


포기할까
애를 쓸까

사랑을 할까
이별을 할까

만약 그렇게 한다면
몇 번을 해야 할까

운명이라면 계속 불어올 것이고

운명이 아니라면 이대로 스쳐 가겠지

너는 가지 않았으면 좋겠어


어느 계절의 늦게 불어온 바람 같은 소망이다

봄의 바람이 불어 가을에야 닿았다

낙엽이 피고 진다

가을은 봄의 기억이다


기적 같은 계절이다

살기 위해 가는 길을 죽을 힘을 다해 돌아왔다
그게 내 새벽이었다


너에게 가는 길은 늘 새벽 같았다
나 혼자 가고 나 혼자 돌아왔다
점멸하는 신호등과
외롭게 선 가로등은
소리도 없이 빛을 낸다




비도 오지 않는 새벽
서슬 퍼런 이슬에 젖은 귀가

내리지도 않는 비에
흠뻑 젖어 돌아왔다

느닷없는 비루함이 고되다

밤이 내게 다가오는 건지
내가 밤에 다가서는 건지


매일이다
매일이 그렇다

잊고자 하는 생각과 보고 싶은 감정의 충돌
자정의 새벽이다


생각이 오르면 애써 잠들지 못할 것이고
감정이 오르면 울다 잠들 것이다


나는 아침을 기다린 것이 아니라
늘 새벽이 가기를 기다렸다


억겁의 시간이었다

내게 새벽은 두 시가 넘는 시간이었다

그 새벽이 지금은 자정을 넘었다




늦은 밤을 잃었고, 이른 새벽은 선을 넘는다

새벽이 너무 넓다

이른 밤이다

이른 새벽이고

이른 슬픔이다


갈수록 깊어진다













그 길을 따라갈까

이제 손을 놓을까

보고 싶다 말 한마디 하고 싶어 나는
하루에도 수십 번을 그리워했다




그렇게 살아 버텨온 시간이었다
끝이 간단했다면 오히려 억울했을 것이다

그리워하는 것조차
  집착일 수도 있겠다 싶어
    겁이 난다


    그리움이 무슨 의미가 있다고
   나 혼자 주고 나 혼자 받는다


 상처를 내는 것도 상처를 받는 것도
결국은 내 자신이다

집착이 되어 가는 것이

죄스러워 미치겠다

 

                        급하게 거울을 본다

                          나를 바라본다

                          나를 생각한다

                            아무도 없다

                      생각이 나지를 않는다

아무것도 하지 않았는데도
보고 싶음이 문제가 됩니까
그리움이 가, 닿는 것도 아닌데

혹여나 가닿았다면
시간이 이토록 아무것도 남기지 않고
가버렸을 리가 없습니다

울컥한 마음이 속도를 못 이겨

온갖 기억을 들이받는다

대형 사고다


그러나 서두르지는 않을 것이다

잊고 싶다

                그러나 보고 싶다

미치겠다


                그리고 그것을 반복한다

아프다

그리고 보고 싶어 죽겠다

그러나 보고 싶어 살고 있다


그리고에 죽어가고

그러나에 의해 살아진다


사라진다, 희망들

애써 잊으려 노력하지는 않을 것이다

그저 지금처럼 있다가

나도 모르게 잊혀라


그러나 가려는 시간이 마음 같지는 않을 것이다

엄청난 시간의 부피에

네가 없는 초라함의 밀도


더해가는 부재

말라가는 존재


일요일의 정오

가장 공허한 시간


나 홀로 우주에 떠 있는 기분을 느낀다

이 시간에는 소리도 형태도 없다


그 많던 기억마저 생각나지 않는다

네 목소리가 기억이 안 나

네 목소리를 잃기 전에
나는 이미 내 목소리를 잃었다
내 목소리가 기억이 안 난다

아무리 괜찮은 척하려고 애를 써도
숨소리 하나 감당이 안 되는 날이 있다


특별한 날에
특별한 슬픔이 오는 것은
어쩔 수 없는 일이다

기대했나 보다, 아픈 걸 보니


                      이 아픔은 꽤나 아프게 온다
                      오늘은 조금 울어야겠다

괜찮아질 거라는 생각은

나도 그만둔 지 오래됐어

더 나빠지지 않기만을 바랄 뿐이야



똑같은 것이 반복되면 점점 느끼지 못한다는데

이 감정을 계속하여 느끼는 것을 보면

마음이 점점 심해지는 모양이다

어제는 아무도 모르게 종일 아팠다

오늘은 그 아픔을 모두 무너뜨렸다



      그제서야 나는 어제는 아팠다고 말했다

          늘 그런 식이었다



내 걱정시키는 것이 싫어서

당신을 바보로 만들었다


당신을 위한다는 핑계로

나만 생각했던 것이다



        사랑은 감추는 것이 아니라

          내보이는 것이다

　　　　　　　나를 아는 사람들은
　　　　　　내가 행복한 줄로만 안다
　　　　　　　그게 너무 외롭다


말한 적이 없으니 내 속을 모를 것이다
결국 이 외로움은 내가 만든 것이다
돌아보면 모두 내 탓이다


　　　　　　　　이 또한 외롭다
　　　　　내가 나를 외롭게 만들었다니


　　　　　　그저 보고 싶기만 하다

듣기 좋은 위로의 말
보기 좋은 표정의 입


좋은 말의 대부분은 넘겨짚은 것이었다
그들은 이 감정을 알 리가 없다
나는 한 번도 내 안의 것을 보인 적이 없으니까


큰 슬픔 하나를 감추기 위해
작고 좋아 보이는 것 여러 개를 보이곤 했다


정말로 위로가 필요한 슬픔을 어찌 보일까
그것은 벌거벗은 기분일 것이다

사랑을 다하지 못한 사람은

스스로에게 벌을 준다


조용하고 축축하며, 소란스럽고 메마르다



                    잠깐 느낀 행복의 대가는

                        늘 오랜 슬픔이다


                      그것이 그리움이었다


                      금단에 빠져든다

얼마나 잊혔는지 알 수 있었다면

이렇게까지 힘들지는 않았을 것이다

최선을 다하지도 않았을 것이다

잊어야 하는데
전보다 더 많이 생각이 나고
전보다 더 많이 생각을 한다
잊힐 리가 없다

네 모습에 비친 내 모습이

그립다


보고 싶다

네가 뱉은 숨을 삼키고 싶다

그냥

이름이라도 한 번 불러 봤으면 좋겠다


이 그리움은 정말 못할 짓이다

네 소식 기대한 적 없다

내 소식도 너에게 들릴 리 없다

그래도 보고 싶다


   요즘은 그래도라는 말을 많이 하게 된다


    '그래도, 그래도 가지 말지 그랬어'

어떻게 지내는지

도통 알 길이 없으니

잘 지내겠지 한다



                        아는 것은 힘들고

                 모르는 것은 아프다

너도 나를

한 번쯤은 보고 싶어 했으면 좋겠다


기대는 아니다

그 희망에 살아갈 의지에 기대어 보는 것이다

너는 오지 않는다, 내가 가지 않는 것처럼
이제 내가 가면 너도 왔으면 좋겠다
오지 않더라도 알았으면 좋겠다
내가 가고 있다는 것을










많은 것이 흘러간다
그것들을 뜬눈으로 보내는 것이 싫어졌다
바라만 보는 것을 멈출 수 없다면
그것이 시간이라도 나는 이제 잡을 것이다

한 번 가보고 싶다


                                      한 번 가 보고 싶다




보고 싶다

혼자라서 외롭겠습니까
사람이 많아서 외롭겠지요

날씨가 좋다고 날까지 좋았겠습니까
꽃이 피었다고 늘 봄이었겠습니까

주변의 행복에 고개 돌리는 내가 밉습니다

외로움은 늘 없던 사람이 느끼는 감정이 아니라
있다 없어진 사람이 느끼는 감정입니다

너무 오래 슬펐던 모양이다

마음에 미움이 생긴다


미움이 들어앉는 것이 싫다

확실히 전처럼 슬프지는 않다

그런데 미움이 생긴다

그게 너무 싫다



                        정녕 이렇게까지 하여

                             잊어야 합니까

　　　　　　　　외로움이 짜증이 난다
　　　　　　　갈수록 마음이 못되었다


상처 받은 마음은 그 상처를 닮아간다
모르면 몰랐을 것을
알면 의식하게 된다


오지도 않은 올지도 모르는 상처에 대하여

생각이 깊어지면

그곳에는 내가 없다


너만 있다

기대와 실망은 너무 쉽게 어울려

더하여 상처가 돼




나는 사람을 믿지 않는다

내가 사람이기 때문에

나는 네가 웃기를 바라지만
행복하기를 바라지는 않는다

나는 네 행복이 싫다

우리 사이에 이어진 줄을 끊어낼 유일한 감정은
나의 그리움이 아니라
너의 행복일 것이다

갖고 있기 어려운 마음을 가졌다

이건 관심이 아니라 확인이다

    내가 살기 위해 내딛는 그리움이다



            그리 보이지 않으려 애쓰지 마라


    내가 보고 있는 것은 지금의 네가 아니라

오래전의 너다

떠난 건 너인데
  돌아보는 건 왜 매번 나인지
    내 시간은 엉망이다




        떠나게 만들었기 때문일 것이다
     오늘은 빗소리와 새벽에 갇혀
  빠져나가지를 못한다

긴 밤과 새벽에 인색하지 못한 내가
오늘은 가엽다

하늘이 예쁘면 그날은 괜스레 기분이 좋았다


너의 감정을 느낄 수 있어서였을까
아마도 너는 웃고 있었을 것이다


너의 하늘이 궁금하기만 하다

기어코 믿기지 않는 나이가 되었다


참 슬픈 나이를 먹었다

올해는 꼭 다시 만나자

내가 가진 모든 것을 올해 다 쓰겠다

죽을 힘을 다해 지운 문장들을
처음과 똑같이 쓴다
너무나도 쉽게 다시 쓴다

내가 느끼는 감정은
이렇듯 쉽게 쓰여, 어렵게 지워진다
하물며 흔적 없이는 지워지지도 않는다

이 감정은 너무하다

만나지 못하는 사람이 있다는 것은

보고 싶은 사람이 변하지 않는다는 것은

평생을 두고 슬픈 일이다

슬플 일이다


그래서 나는 보고 싶다 적는다

죽을 힘을 다해 적는다

보

고

싶

다

비가 오면 모든 감정이 너에게 떠내려간다

예보를 엇나간 빗소리가
유난히 소란스럽게도 내린다
오늘은 빗물이 그쪽으로 흐르는 모양이다

가고 싶어 가는 것이 아니라,
휩쓸려 가는 것이니
너무 뭐라 하지는 말아라

마음은
전하고 싶은데
별안간 개소리는
하기 싫어

이 감정이 끝내 넘치면

어느 날엔가는 네 앞에 서있겠지


다시는 못 보게 될 것을 잘 알면서도










                                      비가 내리는 날이었다

네가 미웠던 날에도 나는
네가 보고 싶었다

하물며 미웠던 날조차 없었다
날마다 오죽했을까

하룻밤 꿈이

어찌 이렇게나 행복합니까

얼마나 많은 눈물을 주시려고


꿈을 앓는다

새벽에 꿈을 꾼 날은 종일 아파

긴 밤 새벽 내 죽을 듯 힘들다가도
그 잠깐의 시간 동안 꿈에 네가 다녀가면
행복했다
그렇게 종일을 엉망으로 보낸다










내 병든 마음이 그린

너와 꿈의 잔해 속에서

거꾸로 가라앉는다
거꾸로 가라앉는다

며칠째 꿈에 나와 웃어주는 걸 보니
내가 또 희망을 갖는 모양이다


무섭다
그 희망에 흔들릴 내 모습이 보여


몇 시간째 하얀 천장만 바라본다


그런데도 그 잠깐 잠깐이 행복하지 뭐냐

들리지도 않는 네 소식이

      왜 이렇게 떨리는지 모르겠다


초조하고, 불안하다

네 꿈을 꾼 날에는 울다 웃다 한다

꿈과 현실의 그 거대한 괴리조차
느끼지 못하게 되었다

상실이다

꿈에 좀 오지 않으면 안 되겠냐

꿈을 꾸는 것도 그 꿈에서 깨는 것도

정말이지 너무 힘들다

꿈이 기억인 척을 하는 것이 미치겠다

나를 정신이상자로 만든다

어디에도 기댈 곳이 없어

가진 기억에 기대다 보니

많은 기억이 망가졌다


이제 그 기억이 맞는 기억인지도 모르겠다

기억도 잊히지 않아 죽겠는데

    이제는 꿈까지 잊으려 노력해야 합니까


                이건 너무합니다

아무리 애써도 안 좋은 일은 어김이 없다


외로운 사실이다

왜 너는 나를 보고 싶어 하지 않는 거지?
라는 정신 나간 생각을 하기도 한다


미쳐간다

하늘이 하늘만큼 파란 날이다

구름이 구름만큼 하얀 날이다

당신이 당신만큼 예쁜 날이다

당신이 당신만큼 좋은 날이다



너는 계속 예쁘구나

나는 계속 보고 싶다

오죽 보고 싶었으면

꿈이라는 것을 알면서도

그리 좋아했을까


운다

울었다

정말 많이 울었다

눈물이 많다고 어찌 우는 것이 편했을까
나는 한 번도 눈물이 편했던 적이 없다


                몇 번은 고꾸라졌을 것이다
그렇듯 늘 사경을 헤맸다

때물이 왔다 갔다 한다

보고 싶다
  보고 싶어 하면 안 된다
      혼란스럽다

참기만 하는 것은 결코 참는 의미가 없다

                               못잊겠다시발


가끔은 한 번도 해본 적 없는

                 과격한 표현이 도움이 되었다


적어도 있는 그대로의 마음이었으니 말이다

참아야지 참아야지 하지 말고

가끔은 욕도 하고 그래요

그래야 살아요


너무 참아서 욕에서 썩은 내가 난다

그동안 나 많이 사랑해줘서 고마웠어


아니 한참을 더 너를 사랑하고 있다
그 고마움은 듣기 싫은 기억이다

바라는 것이 없음에도 나는 실망을 합니다

내가 무언가에 기대고 있는 모양입니다


아는 것이 힘이 듭니다

오늘은 너를 아홉 번이나 잊었다

그리고 열 번을 기억해냈다

그때마다 나는 울었다

다행이었다


나는 아직 잊어서는 안 된다

내가 그만하면 우리는 끝이다


그래서 이 그리움을

나는 계속하려는 것이다

정말 지우고 싶은 기억은
오히려 행복일지도 모르겠다

행복 하나를 지우는데
도대체 몇 번을 울어야 하는지
나는 정말 행복했나 보다

시간이 많은 사람은

아무것도 잊을 수 없다






가진 시간부터 버려야 했다

나를 혹사한다

바쁘다고 잊히는 것은 아니나

바쁘면 살아는진다

그리 버틴다


나는 그리 산다

우울하지는 않으나 우울의 조건은 갖추었다
언제 우울감에 빠져도 이상할 것이 없다
그런데도 나는 괜찮아지고 있는 모양이다
익숙함일 것이다


받아들이면 괜찮아진다
　소란 피울 것도 없다


　불꽃도 그렇게 진다
　　소리없이 황홀하게

나는 네 소식을 물을 곳조차 없다
하여 이 그리움은 내가 너무 불리하다
온갖 생각들이 미어진다


그러나 다행이다
네가 모를 그리움일 테니

용기가 없는 것이 아니라
자격이 없는 것이다




보고 싶다 한 번만 말해라
수천, 수만 번을 기다리고 있다

내게는 그 말 한마디 건넬 자격이 없다

너무 아름다운 것을 사랑하여
사랑에 끝이 없다

보고 싶거나

잊고 싶거나

혹은 그게 같은 사람이거나


나는 어느 쪽일까

너는 어느 쪽일까




                                       취할까 말까

                                       그것도 아니면

                                       연락해볼까

아무런 생각도 하지 않았는데
왜 이렇게 슬플까
도대체 마음이 무엇을 하고 있길래

이 내 감정을 잘 알면서도 끝내 외면한다


                              아는 것이 힘들고
                            모르는 것이 힘들다
                     도무지 힘들지 않은 것이 없다

                          이별이 갈수록 어렵다

내 상태가 많이 좋지 않아

이제 너를 그리워하는 것도 못하겠다


그리움은 참으로 고된 감정이다

나는 기억력이 좋다

마음 아프게




어찌 그것들을 다 기억하고 살까

힘든 일 애써 다 견뎌냈는데

별것도 아닌 소식에 무너진다


강한 의지, 그러나 종잇장 같은 마음

너의 웃음에 나는 눈물이 난다

보고 싶다고 멍청한 소리를 해댄다
만날 수 없다는 것을 잘 알면서도




보고 싶다고 어찌 만나고 싶을까
소망은 늘 속절없이 길을 잃는다

대부분의 그리움은 쓸모가 없다

그리움은 마주치기 어려운 감정이다
마주쳐도 알아보지 못하는 감정이다
감정에 형태가 없는 것이 원망스럽다




                    이렇듯 모든 잘못을 다른 것에 돌린다
                            발버둥이다

나는 못 가지만, 너는 언제든지 와라
살다가 혹여 내가 너를 잊은 듯해도 와라
정말로 내가 너를 잊었어도 와라
처음 그날처럼 첫눈에 사랑하게 될 테니



같은 사람, 같은 생각, 같은 감정, 같은 글
시간이 오래 지나도 너는 어김이 없다

기다리고 있을 거라고 생각했다
내가 너무 늦은 걸까
처음부터 잊지도 않았던 걸까


어느 쪽도 가슴이 아프다

너무 애쓰지 마라

그렇게까지 할 필요 없다

충분히 아프다


온 우주가 가라앉는 기분이다

다시 만날 수 있다는 믿음으로
혼자서 한참을 슬펐다
네가 여지껏 거기 있을 리 없었는데
나는 무엇을 위해 이렇게 긴 이별을 버텼나
내가 맞은 슬픔을 인정할 수가 없다

오랜 시간이 갔다

달라진 것은 아무것도 없으나

달라진 것이 없는 것을 받아들였다


마침내 익숙해졌다

너를 잊는 것보다

나를 잊는 것이 덜 아플 듯하여

나를 지우고 다른 사람처럼 산다

그래서 나는 내가 없다

내 모습들이 그립다
네가 설명해주던 내 모습들이
그 표현들이 보고 싶어진다

다시 만날 수 없는 진짜 이유는
우리는 이미
서로가 알던 사람이 아니기 때문이다
그때와는 완전히 다른 사람이다

그러나 이 현실적인 이유가
다시 만날 수 있는 이유가 될지도 모른다

새겨 넣은 의미를 모두 지우는 중입니다
더는 의미에 의미를 두는 성격에 지쳤습니다


이유가 없을 수도 있다는 것을 이제는 알아요
그냥이겠죠, 그냥이었을 겁니다

깨달음은 항상 한 대 처맞아야 온다


몰랐으면 상처였을 것이
알고 나면 흉터가 되어 있다

# 3

잇다

내가 잘 됐으면 좋겠습니다
그게 마지막 희망인 듯하여

버리고 버리다 남은 마지막 희망입니다

열심히 삽니다

세상은 모르게, 나 혼자 시끄럽게
그런 삶을 즐겨볼 생각

나도 이제 나를 위해

내 생각을 하지는 않더라도
너도 분명 가끔 내 생각이 날 거다
그 생각이 부디 끝이 없기를 바란다

이기적인 마음, 이제 나를 위해 써보고자 한다

그날그날의 날씨처럼 살고 싶다

오늘은 햇살이 좋다

살며 처음으로 너를 두고 간다

이 5월에 끝내 너를 놓아두고 간다

부디 내 기억에서는 언제나 꽃이어라




초록의 줄기와

노란 잎

하얀 여백

너는 프리지아를 닮았다

계절이 열일곱 번 바뀌었다

여지껏 기다리다 간다


                사는 동안 내내 언제고 불러라

                        돌아볼 것이다

늘 보고 싶었다

항상 생각했다

날마다 그리웠다


그러니 너는 아프지도 마라

기어이 우리는 남이 되었다


더는 아무것도 아닌 사이지만
내가 느끼는 감정보다
내게 남은 기억이 먼저 사라진다면
마지막까지 내게 남는 감정이 있다면

그 감정은 부디 미안함은 아니었으면 좋겠다

나를 사랑해줘서 고마웠다

나를 많이 사랑해줘서 고마웠어

너무 아픈 말이다

눈물이 갈 곳을 잃었다
모든 것이 헛되었다
스스로 안쓰럽다




                나를 다독이는 것이 새벽이라는 게
                무겁고, 버겁다

                새벽은 그 어떤 위로도 주지 않는다
                마주하지 마라

살다가 언제고 마주친다면
운명이라고 생각할 것이다

네가 오기를 기다릴 것이 아니라
그때는 내가 갈 것이다
결코 멈추지 않을 것이다

상처를 아는 사람들은
자신이 상처 받은 것도 몰라서
너무 쉽게 일어난다




믿었던 상처는
내 눈에는 보이지 않는 곳에 생긴다
말해주지 않으면 모르는 상처도 있다


그저 그 흠을 보는 사람이 아니라
그것을 말해줄 사람 한 명이면 된다

결국 그것밖에 안 되는 사람이었고

결국 이것밖에 안 되는 사람이었다


                비참할 것도 없다

보고 싶어지는 것이 싫어 애를 쓴다

종일 괜찮다가도 한 번 떠오르면 계속 오른다

오른 너를 끌어내리기 위해 나를 무너뜨린다


그러다 힘에 부치는 날이면

폭발한 눈물이 나를 가라앉힌다

나도 모르게 계속 쳐다보게 된다
그러니 너무 뭐라 하지 말아라

나한테는 그게 너니까

어느 날 갑자기 나 스스로 지쳐

서서히 결단을 내릴 용기가 생길까 봐

두렵다


생각에서 멀어지는 것이

어렵다


할 수 있다면

　　을 10센티만 내리고 싶다

천창천창
천창

잊고싶다잊고싶다잊고싶다잊고싶다잊고싶다

잊고싶다잊고싶다잊고싶다잊고싶다잊고싶다

잊고싶다잊고싶다잊고싶다잊고싶다잊고싶다

잊고싶다잊고싶다잊고싶다잊고싶다잊고싶다

잊고싶다잊고싶다잊고싶다잊고싶다잊고싶다

잊고싶다잊고싶다잊고싶다잊고싶다잊고싶다

잊고싶다잊고싶다잊고싶다잊고싶다잊고싶다

잊고싶다잊고싶다잊고싶다잊고싶다잊고싶다

잊고싶다잊고싶다잊고싶다잊고싶다보고싶다

글자 하나로 모든 것이 새로워질 만큼

생각과 감정은 비할 바가 못 된다

고작의 생각으로

거대한 감정을 넘겨 짚어서는 안 된다

그것은 위로가 되는 것이 아니라

위로에 베이게 만드는 것이다

잊히지 않으니 잊을 수도 없다

그러니 너무 뭐라 하지 말아라


   고작 이 정도가 내 그리움의 전부일지도 모르니

   너는 안심해도 좋다



      몇 해를 아무것도 못 하고 있지 않느냐

      고작 이 정도일지도 모른다

내가 너를 어떻게 잊겠어


내가 지금 잊으려 애쓰는 것은 네가 아니라
네 옆에서 행복해하던 내 모습이다


지우고 싶은 것이 있다
아무리 지우고 지워도 지워지지를 않는다
그것은 적힌 것이 아니라 패인 것이기 때문이다
깊이가 생긴 감정은 애를 써도 닿지를 않는다

너를 계속 사랑하고 싶은데
더는 그러면 안 되는 모양이다


어쩌면
그날의 충격이 나를 살렸는지도 모르겠다
조금 더 일찍 알았다면 좋았을 것을


그래도 내가 먼저 알게 되어 다행이다

너는 나를 이미 다 지웠을 것이다

너는 내 소식에 관심조차 없을 것이다


그러니 이 내 그리움도 내버려둬라

               나 혼자 삼키다 체할 것이니


너와는 상관없는 일이다

상관없는 일이다

이게 끝이 아닐 것만 같은 착각

마음이 자꾸 머리가 하는 일에 간섭을 한다

고약한 마음에 시달린다

그래도 내가 신경 쓰였으면 좋겠어


내가 쓰는 글이 부담이 아니라

    가끔 확인할 수 있는 내 소식이길 바란다

기어이 네가 나를 잊는구나

기어이 내가 너를 잃는구나

기어이 이런 날을 사는구나

 

지금의 이 감정이

이 길의 끝이기를 바란다

이제 슬프고 싶지가 않다

충분히 슬펐다


        내 표정을 보면 알 수 있다

        울고 있어도 슬픈 표정이 아니다


        그저 울고 있을 뿐이다

나를 망가뜨리는 사랑은 사랑이 아니다

사랑을 희생으로 착각하지 마라

사랑은 주는 것이 아니라
주고받는 것이다

기대하는 것이 아니라
기대는 것이다

얼마나 아팠을까

오래된 흉터를
보고 나서야
아팠겠다 했다

나는 끝까지 너에게 가고 싶었다

가면 안 되는 줄 알면서도 그랬다

충분히 보지 못해 보고 싶을 뿐이다

나는 이제 정말 오래되었다

너는 나를 보고 있었을까

그게 늘 궁금했다


보고 있었다면
용서해주기를 바라고

보지 않았다면
다행이다
아픔이 길지 않았을 테니

슬퍼 운 것이 아니라

보고 싶어 울었다


그래도 한 번은 보고 싶었는데, 아쉽게 되었다


잘 지내라는 말을 해야 할 것 같다

힘든 것도 지겹고 슬픈 것도 지겹다
더는 끝이 정해지지 않은 것들에 지쳤다


내 생각만 하면
마음이 엉망이다


생각도 마음도
쉬고 싶다

그만둘 것도 많고

시작할 것도 많고


                                      감정이 줄어드는 만큼

                                      생각이 다시 많아진다

희망을 잃기를 바랍니다
끝내 그 사람을 잊어야 한다면



몇 해 동안
큰 희망을 다섯 번 정도 느꼈을 것이다

그리고 그 희망은 한 번도
희망 그대로 온 적이 없다
모두 몇 배는 큰 좌절로 왔다

희망은 사람을 살리는 것이 아니라
죽이는 쪽에 가깝다


희망을 가질 바에는
차라리 완벽하게 믿어라
적어도 믿음은 나를 해치지는 않는다

사랑할 때는 모르는 게 너무 많았고

헤어진 후에는 아는 게 너무 많았다

어찌 힘들지 않았을까




이제야 내려놓는다, 그 힘든 마음

힘들었던 마음들

웃어야 할 때는 웃을게

울어야 할 때만 울을게

보고 싶은 날에만 그리워할게

이제 괜찮아져볼게


너 없이도 잘 살아볼게

나는 이제 네가 슬프지가 않다

    더는 슬픔에 빠지지 않고서도
    너를 그리워할 수 있게 되었다
    내가 정말 너를 포기한 모양이다

추억들이 다시 행복해진다

알리고 싶지 않은 아픔이 많다

아무도 모르게 사라지게 만들고 싶은 상처가 있다

그리움에 집착했던 이유는
죄책감 때문이었던 것 같습니다
모두 돌려놓고 싶었습니다

그러나 돌아보면
그마저 끝끝내 나를 위한 마음이었습니다
그래서 지금 많이 아픕니다
전과 다르게 아픕니다

전에는 마음이 아팠는데
지금은 마음 안에 있는 후회가 아픕니다
이 아픔이 부디 나만 느낀 아픔이기를 바랍니다

그 오랜 그리움과 죄책감이

어찌나 독하고 무거웠는지

이제서야 눈물이 없이도

숨이 쉬어진다


어쩌면 이제 네가 없어도 될지도 모르겠다

감았다 떴다 감았다 떴다 한다
있다 없다 있다 없다 한다
꿨다 깼다 꿨다 깼다 한다

감정이 꺾인 틈에 갇혀 공허해진다
마음을 움직일 수가 없다

잊고 싶어 잊으려는 것이 아니라

살고 싶어 잊으려는 것이다



오늘은 늘 아프던 햇살이 싫지가 않다

기억을 잊다 잊다

그 기억들을 잇고 있다

이별은 실패가 아니라 선택이다

행복을 바라는 것은 아니나
불행한 것은 싫다

이제 그만 슬퍼하고 즐겁게 살자

슬퍼할 이유가 없다

사랑이 이렇게나
힘들 일인가
이별이 이렇게나
아플 일인가
기억이 이렇게나
슬플 일인가

나는 다 틀렸다

더는 보고 싶음도 그리움도 없다

그런데도 생각이 난다

어쩌라는 말인가




        이래서 토요일이 싫다

온갖 소란스러움 속에서 나 혼자 고요하다


     외로운 것이 아니라 쓸쓸하다

그리움이란

죽고 싶다가도 보고 싶은 것이다

그저 한 번 보고 싶어 살고 싶은 것이다

그리움 하나에 의지하여 여기까지 왔다

고생했다

언젠가는 말도 안 되는 날이 있지 않을까

                                        주문을 건다

바람이 거세다 하여

        어찌 하늘의 별이 떨어질까

너도 그렇다


슬픔과 그리움은 서로 다른 이야기다

바람인가 꽃인가

    흔드는가 흔들리는가


나는 어느 쪽인가

헤어졌으면 거기서 끝인 거야

              내 감정이 중요한 만큼

상대방 마음도 중요해

              그러니까 이제 그만하자

고생했어 그동안


              잘 버티었다

                      살아있어줘서 고맙다


              처음이자 마지막 위로

                      내가 나에게 주고, 받는다

누구보다 너에게 듣고 싶었다
고생했다는 이 편안한 말을

언젠가는 행복이었던 그 말을

마음이 돌아서니

그제서야 조금 쉬워졌다

어디에도 쓸데없는 그리움이었다


        돌아서고 돌아선다

        그리고 한 번 더 돌아선다

        이제 제자리가 아니다

가는 그리움

오는 외로움

머무는 ∽ 쓸쓸함

보기 싫다, 그만 가라

네가 무엇이든 이제 나는 되었다


이별이 남은 계절을 떠난다

이 기억에는 이제 내 추억도 없다

한마디만 할게

넌 나 안 보고 싶어?

사랑이 모두 끝났다는데

              왜 보고 싶은 걸까

                            속도 없이


늘 내게 돌아만 오는 이 그리움에는

                            속도가 없다

이 정도 했으면 이제 그만 잊혀라

네가 가지 않는 것이냐

　　내가 계속 따라가는 것이냐

나도 내가 여전히 슬프고 아파
이제 괜찮아진 것이 아니라
이제는 조금은 덜 애쓰는 거야




괜찮아 보인다면 다행이다
그리 보이라고 하는 것이니

나는 내가 더 오래 슬프기를 바랐다
너에 대한 내 마음이 가시질 않기를 바랐다

왜 계속 슬프기만 할까


이 감정에 익숙해질 타이밍을 놓친 거지

뭐든 마지막 순간에는

그게 마지막이라는 것을

알 수 있었으면 좋겠다


그러면 울지 않고 웃을 수 있을 거 같다

마지막 모습이 슬프게 기억되길 바라지 않는다

예민함이 무디어 간다
그러나 너무 빨리 가지는 말아라

모두 가져가되
아주 가끔의 소식은 두고 가라
그것으로 나는 만족할 것이다

걱정이 없으니까
마음은 편하나
외로워진다


                                    외로움이 신경 쓰인다

그래도 내가 신경 쓰였으면 좋겠어

좋든 나쁘든 슬프든 아무렇지 않든

사는 동안 언제고 한 번은
너와 반드시 마주칠 것이다
나는 그때 네가 웃기를 바란다
그 한 번의 순간에 기대어 살 것이다

나도 이제 내가 웃기를 바란다

겨우내 피우려 했던 꽃은

그렇게 시들어 갔다

내 정성과는 상관없이

너는 결국 그렇게 사라질

운명이었나 보다


                                              이것은 내 운명이었을까

                                              너의 운명이었을까

나는 그날

잊으러 간 걸까

잊지 않으려 간 걸까

사랑 때문에 생긴 감정들이

이제 다 지겨워졌어

상대방을 위한 이별이 아니라
나를 위한 이별을 맞아

나 혼자만 애틋하게 아프게 사는 거
소용 없어

깊은 사랑에 빠지면
불구가 되어서야 빠져나온다

나는 감정이 온전치 못하다
나도 내가 아프다
이별은 방도가 없다


                    나도 내가 내게 너무하다는 것을
                          알고 있다, 가혹이다

연락처를 모르면 그리움이 덜 할까

너의 마음을 알고 싶다

헤어졌으면 끝

이 간단한 게 나는 아직도 어렵다

너무 많이 보고 싶습니다

울고 싶습니다


괜찮은 척하다가도 갑자기 보고 싶어서
웃어 잡니다
괜찮다, 내뱉는 말들이 다 무슨 소용입니까
이리 속절이 없는데

슬픔이 잘못은 아니잖아


그러나 누군가에게는 잘못이 되기도 한다

이 정도 했으면 이제 그만 잊혀라

마음이 남아나지를 않는다

온몸에서 사람 하나가 빠져나가는데

어찌 아프지 않겠습니까


괜찮을 거라는 생각은 욕심입니다

진짜 슬퍼

하나도 안 괜찮아졌어



일주일에 하루는 마음을 완전히 놓는다

나는 완벽한 인간이 아니니
이 하루만큼은 어떤 감정도 숨기지 않을 것이다
나는 나에게 어울리는 위로를 찾았고
그 위로가 위로가 된다
그뿐이다

돌아보면 대단치도 않은 사랑이었는데
나는 왜 그토록 그리움을 크게 가졌을까


나는 정말 몰랐다
그날 그 이별이 끝일 줄은

그리움에 의미를 두면 집착이 된다

가벼이 두고 가벼이 꺼낼 것이다




머리는 쉽고 마음은 어렵다

기다리고 기다리다 언제고 사라질 것이다

이것은 너와는 상관없는 일이니

너는 신경 쓰지 마라










나는 이제 이 그리움을

통제할 수 있게 되었다

사랑이 끝나고 이별이 시작되었을 때
가장 열심히 해야 하는 것은

나를 사랑하는 것이다


이것이 오랜 이별의 마지막이자
내 결론이다

# 있다, 잊다, 잇다

1판 1쇄 펴낸날 2022년 3월 14일

지은이 인썸

책만듦이 김미정  책꾸밈이 홍규선

펴낸곳 채륜서  펴낸이 서채윤
신고 2011년 9월 5일(제2011-43호)
주소 서울시 광진구 자양로 214, 2층(구의동)
대표전화 1811.1488  팩스 02.6442.9442
E-mail book@chaeryun.com  Homepage www.chaeryun.com

ⓒ 인썸. 2022
ⓒ 채륜서. 2022. published in Korea

책값은 뒤표지에 있습니다.
ISBN 979-11-85401-68-3 03810

잘못된 책은 바꾸어 드립니다.
저작권자와 출판사의 허락 없이 책의 전부 또는 일부 내용을 사용할 수 없습니다.
저작권자와 합의하여 인지를 붙이지 않습니다.

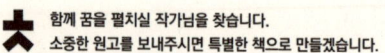

**함께 꿈을 펼치실 작가님을 찾습니다.**
소중한 원고를 보내주시면 **특별한** 책으로 만들겠습니다.

채륜(인문·사회), 채륜서(문학), 띠움(과학·예술)은 함께 자라는 나무입니다.
물과 햇빛이 되어주시면 편하게 쉴 수 있는 그늘을 만들어 드리겠습니다.